AF217273

S:VOLKOV

M:66

DEIN SCHEIßLADEN

www.tredition.de

© 2017; Semjon Volkov
Verlag: tredition GmbH, Hamburg

ISBN
978-3-7439-5870-8 (Paperback)
978-3-7439-5871-5 (Hardcover)
978-3-7439-5872-2 (e-Book)

Printed in Germany

M:66 SCHEIßE

Schieb rein, deinen Arsch

Willkommen in der M:66,
dem 66sten M
im Kreis der 84 M.
Willkommen in der M:66,
dem allerschlimmsten M
unter allen miesen M.

Wir sind M, der Markt im Zentrum
dieser abgefuckten Stadt,
sind M, der Mülleimer für Frust
im Dreckloch dieser Stadt.
sind M, Magnet für jeden Trottel
im M, Milieu dieser Stadt.

In **M:66** kriegen Kunden die volle Auswahl
an Fressalien und Haushaltskram,
kriegen für ihre Kröten jeden Scheiß,
- dazu für ihre Unverschämtheit
noch den Arsch gepudert.

In **M:66** kriegen Mitarbeiter die volle Ladung
an menschlicher Dummheit und Dreistigkeit,
kriegen den Zorn der Armen zu spüren,
- als Zugabe für ihr lausiges Gehalt
noch eine aufs Maul.

Willkommen in der **M:66**,
dem unerträglichen **M**
im Kreis der erträglichen **M**.
Willkommen in der **M:66**,
dem asozialsten **M**
unter allen asozialen **M**.

Wir sind **M**, der Markt im Zentrum
dieser abgefuckten Stadt,
sind **M**, der Mülleiner für Frust
im Armeneck dieser Stadt,
sind **M**, Magnet für jeden Wichser
im **M**, Milieu dieser Stadt.

Na, komm
schieb rein, deinen Arsch
in die **M:66**
- wenn du dich traust ...

(2012)

König Kunde

Wir, Verkäufer, Erfinder der Illusion,
kennen den reichen Tiergarten der Menschheit,
haben ihn vermessen -
über die Gattungen
bis zur Unterart.
Dem Alter nach -
von der Rotznase bis zum alten Gerümpel.
Den Schichten nach -
vom Penner bis zum Geldsack.

Für die Zauberkraft der Flöhe
studieren wir das ganze Alphabet,
täglich, stündlich, unendlich,
von Montag bis Samstag,
sechzehn Stunden lang.
Von A bis Z.

Wir erkennen A, das Arschloch
an seinen hundert Masken,
erkennen Z, den Zuhälter
an seinen blendenden Maschen.
Wir erkennen H, den Hurensohn,
denn wir kennen seine Mutter.

Bitteschön, Bitteschön!
Die Faust gezwungenermaßen
in der Tasche ...
Immer her die Flöhe!
Immer hübsch her!

Wir sind wahre Menschenfreunde,
schmieren jedem Honig ums Maul.
Wir sind wahre Demokraten,
nehmen die Piepen von jedermann.
Wir lieben das dreckige Gesindel,
dass uns in den Laden pisst,
seine Privatfehden bei uns regelt,
uns die Nerven zertrampelt.

Dankeschön, Dankeschön!
Ein gequältes Lächeln
in der wütenden Fresse ...
Immer her die Flöhe!
Immer hübsch her!

Machen wir einen Unterschied?
Sind Sie arm, sind Sie reich?
Ein armer, ein reicher Wichser ...
Egal!
Sind sie Mutter Theresa oder Luzifer?
Oder vielleicht ein Kinderfreund?
Haben Sie's mit Plastik oder Leder?
Keine Sorge!
Merkur kennt keine Moral.

Geld stinkt nicht, heißt es ...
Geld stinkt nicht?
Geld stinkt schon - falls sie drauf pissen ...
Scheißegal!

Wir, Verkäufer, Erfinder der Illusion,

kennen das Spiel der Verlockung,

kitzeln mit Höflichkeit den Spiegel,

der den Geldbeutel entblößt.

Selbst dem stinkenden Penner,

Tabakkrümel an den Pfoten,

pressen wir seine verpissten Cents ab.

Mit einem Lächeln, im Hals ein Würgen,

setzten wir noch dem Schlausten

die erhabene Narrenkrone auf.

(2012)

Kolonne M

Die Räder der Transportwagen sind kaputt,
schleifen über den holprigen Steinboden,
bleiben hängen im zerbröselten Betonloch.
Die Transportwagen sind heillos überladen,
lassen sich kaum drücken & nicht ziehen.

Wir nehmen an -
Kartons mit Kolonialwaren, Tiefkühlwaren,
Molkereiprodukte, Obst & Gemüse,
den erfundene Überfluss der Moderne,
den wertlosen Scheißdreck der Industrie,
der teuer verkauft, dem Pöbel die Taschen leert.

Wir nehmen hin -
die Hetzte, den Stress, die Rückenbeschwerden,
die Enge der berechneten Zentimeter im Lager,
die gequetschten Hände & überrollen Füße,
wenn der zentnerschwere Wagen
im schmalen Gang ausbricht.

Wir nehmen -
mit schmutzigen Händen,
was die Methode,
erfunden im Arsch des Teufels,
von uns verlangt.

Wir teilen die Strafe fürs Leben
mit denen, die wir betrügen müssen.

Du hast die Schnauze voll vom Betrug?
Was denkst du haben wir?
Was du dir alles bieten lassen musst?
Was glaubst du müssen wir?

(2012)

Laufkundschaft

Es führt der Prolet

sein Großmaul Gassi

durch **M:66**.

Es zieht der Penner

seinen reifen Geruch

durch **M:66**.

Es wackelt die Schickse

ihren kostbaren Arsch

durch **M:66**.

Es schurft die Vettel

ohne Zähne im Maul

durch **M:66**.

Es rollt der Krüppel

mit Plattfuß am Rad

durch **M:66**.

Nein, nein,
keine Zeit, Leute,
keine Zeit.
„Entschuldigung,
ich habe noch einen Kunden."

Eilig, eilig
sucht die Einfalt nach Öl.
Eilig, eilig
leert die Anmaßung das Regal.
Eilig, eilig
stöckelt die Eitelkeit nach Diätquark.
Eilig, eilig
drängelt die Dreistigkeit sich vor.

(Nur der Penner zittert in Zeitlupe
nach seinem Kurzen.)

Nein, nein,

keine Zeit, Leute,

keine Zeit.

„Entschuldigung,

ich habe noch einen Kunden."

Der Quark fällt runter,

der Nächste latscht durch.

Das Öl fällt runter,

der Nächste fällt hin.

Der Einkaufskorb steht,

der Nächste tritt drauf.

Nein, nein,

keine Zeit, Leute,

keine Zeit.

„Entschuldigung,

ich habe noch einen Kunden."

Die Leute rutschen aus
auf der Rippe eines Salatblatts,
wollen den Konzern verklagen.
Die Leute beschimpfen sich
aus völlig belanglosen Gründen,
wollen sich gegenseitig ans Leder.
Die Leute kaufen Waren
im Wert von 1,50 Euro,
wollen noch ein Königreich gratis.

Nein, nein,
keine Zeit, Leute,
keine Zeit.
„Entschuldigung,
ich habe noch einen Kunden."

(2012)

<u>Abgefingert</u>

Seht, die Pfirsiche

liegen

in den Holzsteigen

liegen

wie alte 5 Cent-Huren

liegen

abgebissen, angefressen, hingeworfen

liegen

matschig vom Fingerdruck

liegen

der Ungläubigen und Anmaßenden

liegen

die dem Ausgleich nicht trauen.

Hört genau her, auch ihr Zweifler

liegt

ihr Idioten und Ego-Schweine

liegt

zerbissen

liegt

wer ins Leben beißt

liegt

ausgelesen, wer ausliest

liegt

wer immer nur nach Gold greift

liegt

mit Sicherheit bald im Dreck.

(2012)

Studium der Ladendiebe

Wieder stehen leere Körbe,

stehen achtlos

in den Gängen.

Zur Tarnung.

Der Konzern

schickt groß & schwer,

schickt klein & gefährlich,

schickt & schickt,

schickt Detektive,

schickt L. , das Auge,

schickt K. , den Fresssack.

L. , das Auge in **M:66**,

sitzt & lauert

am Bildschirm,

kriegt alle Jungs am Arsch.

K. , der Fresssack in **M:66**

sitzt mit vollem Maul,

kriegt keine Laus am Arsch.

Wir bitten, wir führen,

wir drängen & stoßen,

allein,

zu zweit,

zu dritt oder viert

die Diebe ins Büro.

Ausweis.

Hinhocken.

Polizei.

Strafe.

Die einen mucken auf,

die andern flennen.

Die einen quatschen ohne Ende,

die andern halten die Schnauze.

Die illegalen Weiber,

daneben der Kinderwagen,

rutschen auf den Knien,

betteln mit Tränen um Gnade.

Jugendliche stehlen

Hand in den Mund -

Kaugummis, Energydrinks,

prahlen mit ihrer Heldentat

in ihrer Gruppe.

Soloprofis stehlen

Hand am Praktischen -

Rasierklingen & Toilettenartikel,

verkloppen ihr Diebesgut

zum halben Preis

auf dem Flohmarkt.

Banden stehlen

Hand am System -

Schnaps & alles Teure,

nutzen ein Bandenmitglied als Köder,

während die andern fett abgreifen.

Im Auftrag der Eltern

Hand der Unschuld -

stehlen Zehnjährige

mit ihren Schulrucksäcken,

machen das Recht unwirksam.

Wir laufen, wir halten,

wir packen & ringen zu Boden,

allein,

zu zweit,

zu dritt oder viert,

die Diebe,

denen Abschiebung droht.

(2012)

Die Türangel der **M**-Welt

Nüchtern,

im grellen Frühlicht,

ballern wir mit müden Fratzen

die Zuversicht unermüdlich zurück

in die kalten Schrägen.

Jeder Tag,

der uns disst,

uns sein faules Gemüse aufdrückt,

ist ein guter Tag zum Kampf.

Wir stoppen nicht!

Wir zeigen dem Tag die Zähne.

Jeder Tag,

der uns kränkt,

uns seinen Schmutz hinwirft,

ist ein herrliches Geschenk.

Wir werfen nicht hin!

Wir lachen & scheißen drauf.

Jeder Tag,

der uns Tiefschläge verpasst,

uns in die Knie zwingen will,

ist ein großer Sieg.

Wir geben nicht auf!

Wir stehen wieder auf.

Nüchtern,

im grellen Frühlicht,

schieben wir mit roher Hingabe

& tiefer Lebenslust,

Tag für Tag

die Türangel von **M:66** zurück

in den Sinn der Welt.

(2013)

Grasnarbe

Der Regaleinräumer

hat ein lahmes Bein,

stößt mit seinem gesunden Bein

die schweren Kartons

von Regal zu Regal,

kniet immer an der richtigen Stelle

für seinen aufrechten Stolz.

Der Kammerjäger

hat eine Mission,

mischt sein Gift nach Erfahrung,

kontrolliert im Lager

Falle für Falle,

findet im entsorgten Kadaver

den ersten und letzten Zweck.

Selbst die Reinigerin

hat gewaltige Motive,

rauscht auf der Putzmaschine

Runde um Runde

durch die Gänge,

bereitet im Halt ihrer Bibel

den sauberen Boden der Ordnung.

(2013)

Du, M-Kassierer

Die Leute kauen dir das Ohr ab,
mit ihrem Unsinn, ihren Ausreden,
mit Besserwisserei & Selbstbetrug,
ihren öden & saudummen Witzen.

Die Leute werden gegen dich aggressiv,
suchen den Schuldigen, den Betrüger,
Dich! der sie nötigt & zwingt,
dass sie ihr Budget überziehen.

Die Leute werfen dir das Geld hin,
aus Arroganz, aus Achtlosigkeit,
aus Gewissheit, dass du still hältst,
wie einem Hund den Knochen.

Die Leute haben zu wenig Geld,
um zu zahlen, was sie nicht brauchen,
spielen aus Scham über ihre Schwäche
vor dir die Überraschen oder Dummen.

Die Leute kriegen den Rappel,
machen dir plötzlich Vorwürfe,
dass deine Firma die Preise erhöht,
um sie persönlich zu ruinieren.

Sicher! Wie auch nicht?

DU
bist der Kassierer, bist der Zöllner,
forderst den Beweis
für selbstverfasste Ansprüche.
DU
sitzt an der Kasse,
am Schiedsplatz, Richtplatz,
vollziehst die Wahrheit.

DU

bist der Prellbock

zwischen oben & unten,

zwischen Versprechen & Enttäuschung.

DU

bist der Sündenböcke

fürs Irrlicht vom Glück auf Erden,

das die Unmündigen blendet.

Abkassiert werden, abkassieren lassen?

Getäuscht werden, täuschen lassen?

Geblendet werden, blenden lassen?

Das Wissen nutzt immer die Dummheit,

gebraucht & missbraucht, stülpt um,

was nicht durch seinen Tod gegangen ist,

nicht gesehen hat, was man nicht sehen soll.

Aber DU siehst!

Sieh sie vorbeiziehen -
die Hunderte, die du abkassiert ...
Nenn den Betrag, den sie zahlen müssen ...
Ohne Gier, ohne Scham oder Schmeichelei.
Nenn den Betrag mit sachlichem Wohlwollen.

Denn erst wer durch die Kasse ist,
den Preis gezahlt hat,
kann den Wert begreifen,
den kein Cent, kein Euro je aufwiegt.

(2013)

Rotschein

In den Wolken
gibt es einen Ort,
genannt Sozialamt.
Von dort flattert nieder,
wie ein Schmetterling,
der undankbare Rotschein,
der sagt: „Ohne Alkohol und Tabak.
Nur für Lebensmittel, Leute."

Aber die Scham,

längst Dreistigkeit,

nimmt für ihren Rotschein

keine Lebensmittel mehr.

Sie nimmt Einwegflaschen,

das Stück für 36 Cent,

kippt direkt vorm Laden

das Trinkwasser aus,

kassiert ein das Leergut,

für dankbaren Alkohol & Tabak.

(2013)

Kindersammlung

Die Architekten der Seele … so weitsichtig,
haben den Personalraum erschaffen,
um ihm zu bestücken mit verlorenen Kindern.

Im Wechsel kitten wir die zerstörte Welt,
täuschen die Angst mit Schokolade & Eis.
Stunden … Stunden …. vergehen. Niemand.

Erst nach Feierabend … so hässlich,
entleert die Ordnung den Personalraum,
der uns keinen Frieden mehr schenkt.

(2013)

Die Ratte

Unter M:66,
im Labyrinth der Kanalisation,
den entrückten Winkeln,
den tropfenden Gängen,
den dunklen Rohren,
unerreichbar, ungesehen,
im Abwasser der Stadt,
liegt unser Schattenreich:
Die Welt der Ratten.

Lautlos, in aller Stille
krieche ich vorsichtig,
unter & hinter den Menschen
aus alten Gullyschächten,
aus Ritzen & Schlitzen,
suche & dringe ein
in die heile Menschenwelt.

Es lockt mich der Abfall,
der sich in blauen Tüten
in den großen Tonnen
am Hintereingang sammelt.
Von fleißigen Müllsuchern
zerrissen & verstreut,
liegen Obst & Fleischreste
offen um die großen Tonnen.

Wir Ratten sind schnell,
rennen entlang der Mauern.
Wir Ratten graben Löcher
unter der Mauer vom Kabuff.
Wir Ratten beißen uns durch,
dringen ein ins Warenlager.
Wir Ratten sind endlich
am Ziel unsrer Träume.

Bis **M:66**

uns Ratten den Krieg erklärt.

Mit großen Schaufeln zieht man

in den Kampf gegen uns Ratten.

Man räumt den Kabuff aus,

schiebt die Wagen raus,

wirft alten Paletten auf,

überrascht uns Ratten.

Man lässt die Schaufeln tanzen

auf uns fliehenden Ratten,

Man zerschlägt, haut platt,

sticht & stößt uns tot.

Die Schaufeln sprühen Funken.

Man bricht, zertrümmert mir

die Knochen der Hinterläufe.

Ich kann nicht mehr fliehen.

Man lässt mich kurz zappeln,

schlägt noch einmal zu.

Die Wucht der flachen Schaufel

zerquetscht mir die Organe.

Ich liege & spucke Blut.

Ein senkrechter, gezielter Stoß

mit der scharfen Schaufelkante

durchtrennt mir die Wirbelsäule,

während ich noch zucke.

(2013)

Du schnallst?

Am Flaschenautomat
erzieht man bei uns,
- erfolgreich -
den mitgeschleppten Nachwuchs
im Einwerfen von Plastikflaschen.

Am Flaschenautomat
wartest du bei uns
- totsicher -
mit kreischenden Bälgern
in meterlangen Schlangen

Am Flaschenautomat
besteht man bei uns,
- in aller Deutlichkeit -
aufs zügige Einwerfen
seiner ‚Scheiße.‘

Am Flaschenautomat
droht dir bei uns
- wenn du trödelst -
sogar die Säuferin
mit ‚einer aufs Maul'.

Am Flaschenautomat
verschafft man sich bei uns
- notgedrungen -
Gehör durchs Faustrecht,
packt sich am Kragen.

Am Flaschenautomat
findest du bei uns
- im Treiben der Masse -
auch schon mal Leute,
die hinterm Mülleimer liegen.

Am Flaschenautomat,

sonnabends, bei uns

haut, wer kann,

- du schnallst? -

am besten sofort ab.

(2013)

<u>Merkurs - M - Inversion</u>

Es gibt

auch anständige Kunden in **M:66**.

Gibt es!

Gibt es auch - hier nicht.

(2013)

Das Pack und die Armen

Das Pack
nimmt aus Launen willkürlich Waren,
wirft sie irgendwo zwischen Regale.

Das Pack
zerreißt aus Launen willkürlich Verpackungen,
wirft die offenen Kekse zwischen Regale.

Das Pack
frisst aus Launen willkürlich Waren an,
wirft die angebissene Wurst zwischen Regale.

Das Pack
lässt sich an den Fleischtheke Lende einpacken,
wirft die Fleischpackung zwischen Regale.

In den Regalen von **M:66**
vergammelt
zwischen Windeln die Wurst,
verschimmelt
zwischen Süßigkeiten Brot,
reift stinkend
zwischen Klamotten Käse.

Mit Einkaufswagen
fahren wir täglich durch die Regale.
Mit Geräten, Besen, Putzlappen
holen ... kehren ... wischen wir aus.

Wir füllen die Einkaufswagen
mit Bergen von Waren,
- verdorben, zerbrochen -
schreiben ab:
Als verdorben, zerbrochen, gestohlen ...
12 Packungen Schinken,
18 Schachteln Müsli,
20 Tafeln Schokolade ...

Mit vollen Einkaufswagen
fahren wir durch die Hintertür.
Wir kommen mit unsrem Müll
nicht mal bis zur Tonne.

Die Armen
stehen schon bereit zur Übernahme,
grapschen nach unsrem Einkaufswagen.

Die Armen
schütten den Müll in ihre alten Sporttaschen,
übernehmen für uns die Entsorgung.

Die Armen
verwerten, was der Hochmut wegwirft,
saugen unterschiedlos alles auf.

Die Armen
leeren leise die Tonnen der Gesellschaft,
holen die letzte Substanz aus dem Leben.

(2013)

Gläubiger

Wir finden Schlüssel
wir finden Ausweise
wir finden Geldbeutel
wir finden Taschen
wir finden Kinderwagen
& nebenbei Kinder.
Wir finden Unterhosen,
wir finden Spritzen,
wir finden Schuhe,
die mit ihren Besoffenen
vorm Kühlregal liegen
& sich mechanisch
von nackten Füßen streifen.

Wir, Mitarbeiter von M:66
werden beschuldigt,

wenn wir nicht finden,

was Kunden hier verloren haben.

Wir, Mitarbeiter von M:66
sind verantwortlich & haften

für die Achtlosigkeit unsrer Kunden.

Wir, Mitarbeiter von M:66
sind schuldig,

auch hier XXL & mit Payback,

an der Schuld unsren Kunden.

(2014)

Verhaltenskodex

Die Leute beleidigen uns
in unsrem Laden.

Ich antworte nicht: Was?
Besorg dir eine Knarre, du Hurensohn.
Wir sehen uns gleich draußen.

Nein, wir sprechen nicht
die Sprache des Molochs.
So zittere ich,
antworte nur mit dünner Stimme:
„Sie dürfen den Laden sofort verlassen."

(2014)

25 Cent

Müllhalde, schmierige Tüten.
Man weis, am Flaschenautomat gibts Pfand,
schüttelt den Dreck aus seinen Taschen,
will sogar leere Schnapsflaschen abgeben.

Die Leergutjungs laufen,
die Leergutjungs schwitzen.

Die Ignoranz
steht meterlang Schlange,
holt sich ihr Flaschenpfand.
Jeden Tag & jeden Abend
sammelt der Untergang,
gnadenlos, allein in M 66
zehn Rollwagen voller Plastik.

Das Flaschenloch im Automat
bringt 25 Cent pro Wurf,
Das Flaschenloch, ein Hurenloch,
zieht alles in den dunklen Spalt.

Stoß rein, die Flaschen,
rein & rein!
Das Hohlbrot braucht's.
Stoß rein, die Dosen,
rein ins Loch!
Das Pack verlangt's.
Für 4, für 5, für 26 Mücken!

Die Ignoranz
steht mit ungeduldiger Visage,
bringt ihre vollgestopften Säcken.
Jeden Tag & jeden Abend
sammelt der Untergang,
gnadenlos, allein in M66
zwei volle Zentner Plastik.

Die Bänder rattern, verkleben,
der Crusher rumpelt, stumpft ab,
der Motor überhitzt, schmiert ab
an der endlosen Flut von Plastik.

Hau rein, deine Flaschen,
sekundenweise,
in diesen Metallschrott.
Lass krachen, deine Dosen,
kiloweise,
in diesem Schrotthaufen.
Hau rein, deine Scheiße,
sackweise,
bis die Maschine verreckt.

Die Leergutjungs laufen,
die Leergutjungs schwitzen,
die Leergutjungs kriegen den Koller,
verschmieren, verletzen sich,
treten im Lager
gegen die Transportwagen.

Müllhalde, schmierige Tüten.

Man weis, am Flaschenautomat gibts Pfand.

schüttelt den Dreck aus seiner Tasche,

stellt selbst leere Gurkengläser ab.

(2014)

M:66 - Weisheit

Der Depp mit der Handkarre,
stolz auf sein Können,
holt einen Kasten Sprudel,
zieht zum Gruß seine Basecap,
verliert seinen Leergutbon.

Der Depp mit der Handkarre
steht hilflos an der Kasse & heult.

Ein Depp hat keinen Plan B.
Nie schick einen Deppen
allein zum Einkauf.
Lass einen Deppen mitspielen,
aber gib ihm keinen Spielraum.
& bitte, Leute - dem Frieden Willen -
niemals gebt einem Deppen Geld.

Der Depp im blauen Anorak,
verwegen mit seinen 5 Mücken,
kauft zwei Flasche Schokomilch,
kann aber nicht rechnen,
glaubt sich beim Rückgeld betrogen.

Der Depp im blauen Anorak
steht an der Kasse & schreit.

Ein Depp hat keinen M-Plan.
Nie schick einen Deppen allein
etwas einkaufen.
Lass einem Deppen mitspielen,
aber gib ihm keinen Spielraum.
& bitte, Leute - dem Frieden Willen -
niemals gebt einem Deppen Geld.

(2014)

In die Mulde!

Wir kippen
die Kubikmeter
an Butter,
an Milch,
an Wurst
& Käse …

Wir kippen -
knall rein, die Scheiße -
in die Mulde!

Wir kippen Stunden.
In Sonderschicht.
Die Tonnen sind zu klein.

Wir werfen

zentnerweise

Steige,

Packungen,

Kartons,

& Kisten ...

Wir werfen -

immer rein, die Scheiße -

in die Mulde!

Wir werfen Stunden.

Immer unter Zeitdruck.

Bis zur Erschöpfung.

Wir steigen

in Gummistiefeln

durch Quark,

durch Joghurt,

durch Butter

& Käse ...

Wir steigen -
mach hin mit der Scheiße -
in die Mulde!

Wir stehen Stunden.
Die Masse wächst.
Im Lebensmittelmüll.

Wir verteilen
mit verschmiertem Besen
die Joghurtbecher,
Pizzaschachteln,
Milchbeutel
& Käsepackungen ...

Wir verteilen -
in die Ecken, die Scheiße -
in die Mulde!

Wir verteilen Stunden.
Mit lachenden Gesichtern.
Den Berg aus Müll.

Wir entsorgen
die Kühlware,
die Verluste,
das Gewissen
& den Niedergang ...
Wir entsorgen -
fertig, die Scheiße -
in die Mulde!

Wir entsorgen Stunden.
Bis zum letzten Becher.
In fröhlicher Vernichtung.

(2014)

M:66 - Mission

Wir haben unsre Vorschriften,
führen sie aus
& bleiben ruhig.

Die Leute
räumen Getränkekisten leer,
stellen fünf leere Rahmen
in den Automaten,
kassieren 7,50 Euro Kistenpfand.

Die Leute
stehlen fleißig Leergutsäcke
mit zerschnittenen Einwegflaschen,
sammeln die heilen Einwegzeichen,
kleben diese Einwegzeichen
auf wertlose Flaschen.

Die Leute

zahlen mit gestohlenen Kreditkarten,

angeblich vom Partner,

geben drei mal die falsche Pin ein,

müssen dringend zur Bank,

kratzen die Kurve

Wir schmeißen raus -

die Leergutdiebe,

umstellen mit einem Großaufgebot

die Banden von Flaschenfälschern.

Wir übergeben Betrüger an die Bullen,

stellen Strafanzeige, erteilen Hausverbot.

Zu milde, es hilft nichts.

Wozu tragen wir eigentlich Handschuhe?

Wir verprügeln -
die Leergutdiebe,
zerschlagen den Flaschenfälschern
mit einem Regalträger die Pfoten.
Wir stoßen Betrügern die Kreditkarten
der Länge nach in die Schnauzen.

Zu milde, es hilft nichts.
Wozu verkaufen wir eigentlich große Messer?

Wir stechen
die Leergutdiebe ab.
nageln die Flaschenfälscher
zur Warnung neben den Automaten.
Wir machen kurze 15,
brechen Betrügern das Genick.

Zu milde, es hilft nichts.
Keine Strafe hilft bei chronischer Unmündigkeit.

Wir haben einen klaren Auftrag,
ölen die Geldmaschine
& schlucken die Wut.

(2014)

Wohlstand

Ist mein Futter da,
mein warmes Plätzchen, mein Leben sicher,
pusten mir meine dämlichen Alten,
vergoldete Luftblasen ins Hirn.

Die Luftblasen wachsen
von erwartungsvollen Bildern zu Alpträumen,
zerplatzen in meinem Spatzenhirn
als enttäuschte Glückseligkeit.

Ich, verhätschelter Kunde,
bin das willige Opfer vergoldeter Luftblasen,
leide am herzlosen Glück,
das keinen Mangel mehr kennt.

(Kein Schwanz & keine Möse
muss in der M-Welt mehr kämpfen für Brot.)

(2014)

Betreuer

Ja, die Kunden sind faul,
wollen bunten Joghurt,
immer fleißig ihre Dummheit schmieren.
Ja, die Kunden haben Murmeln statt Augen,
löchern schon am Eingang mit Fragen
nach Waren.

Natürlich, wir verstehen,
verstehen … Ja, ja.
Ohne Scheiß!

Ja, die Kunden sind ungeduldig,
wollen sofort bedient,
im Vorbeigehen gelutscht werden.
Ja, die Kunden haben dringende Termine,
müssen gleich zur Pressekonferenz
nach Hollywood.

Natürlich, wir verstehen,
verstehen … Ja, ja.
Ohne Scheiß!

Ja, die Kunden sind schäbig,
wollen gefahrlos Stress,
mal wieder eine Nummer schieben.
Ja, die Kunden suchen leere Regale,
hungern in ihrem erbärmlichen Leben
nach Beachtung.

Natürlich, die Dame, der Herr,
wir verstehen … Ja, ja.
Ohne Scheiß!

Keine Aufregung,
sehr geehrte Kunden.
Trinken Sie Glasreiniger,
wie ich.
Das reinigt von innen.

(2014)

Verrat

Die Müllfrau in der M:66,
hilfreiche Hand bei der Fuhre,
zuständig für die Entsorgung,
stiehlt Waschmittel aus unsrem Laden,
betreibt, gleich hier, hinter unsrem Laden
einen eigenen Drogeriehandel,
vertickt das Waschmittel
zum halben Preis.

Es gibt keine Illusionen -
in diesem Leben.
Es gibt keinen Glauben -
in diesem Leben
Wisse, die Welt ist ein Loch -
in jedem Leben,
auch im nächsten.

Immer werden wir geleimt
von Leuten aus den eigenen Reihen.

Geleimt werden,
egal wann & wo,
hier & überall & immer,
die Schmerzbegabten
& Leidgeprüften
von den Verführbaren
& Schwachen.

(2014)

M:66-Gesöff

Um die Wahrheit von M:66 zu lernen,
muss man 66 andere Wahrheiten schlucken,
erst 66 mal vom Gesöff der M:66 trinken.

Hier, nimm 3 Schluck
& genieß' dieses Aroma.

M:66-Leiter K.
(der mit den geschniegelten Haaren)
kickt die besoffenen Stressmacher
durch die Hintertür
& fährt sich schnaufend durchs Haar.

M:66-Angestellter R.
(der mit dem herzlichen Kichern)
fällt mit flüchtigen Dieben
die Treppe vorm Laden runter
& bricht sich das rechte Bein.

M:66-Azubi V.
(der mit den sanften Augen)
kriegt von einem bescheuerten Gewalttäter
die Faust voll in die Fresse
& muss ins Krankenhaus.

& jetzt, nimm den letzten Schluck.
Die Chefetage,
66ste Wahrheit,
im **M:66** Gesöff ...
Die Chefetage,
(in sicherer Entfernung)
65 mal informiert
über unsre 65 Wahrheiten ...
Die Chefetage lacht.

Kein aufrechter Mensch

schluckt auf Dauer,

mit reiner Empfindung

& ohne Zynismus,

die 66 Wahrheiten

im Gesöff von **M:66**,

die deine Seele verhärten,

dein Herz vergiften.

(2015)

Alles, außer dem Trichter

Fünf Scheckkarten
in der Tasche,
aber keine funktioniert …
Drei Bälger am Hals
& wieder dick,
aber keinen Funken Anstand …

Guckt euch nicht an!
Ihr kommt nie auf den Trichter!
Denn wir verkaufen ihn nicht.

Ihr wollt: Was? Ihr Kinder?
Was immer ihr wollt …
Kinder wollen immer …
Was ihr so alles wollt ….

Guckt euch nur um!
Wir verkaufen euch alles!
Außer dem Trichter.

Die größte Karre
im Parkhaus,
aber nur Fertigfraß kaufen ....
Die teuersten Klamotten
auf dem Leib,
aber kein Geld für zwei Beutel Milch ...

Wir gucken nicht hin!
Wir haben den Trichter!
Aber den verkaufen wir nicht.

(2015)

Verpiss Dich

Bist du empfindsam? Schreckhaft?

Verschwinde aus der **M:66**.
Bist du ein Mensch mit Gemüt?

Hau schnell ab aus der **M:66**.
Willst du gutgläubig bleiben?

Komm gar nicht erst in die **M:66**.

Wer in der **M:66** arbeitet, ist Freiwild

für jeden hergelaufenen Wichser

mit 2,50 Euro in der Tasche,

den man Kunden nennt.

Verschwinde aus der **M:66**,

dem schlimmsten **M**

im Kreis der schlimmen **M**.

Verpiss Dich aus der **M:66**,

dem unerträglichsten **M**

in dieser verpissten Stadt.

Wer aber lutscht & wenig denkt
ist goldrichtig in unsrer M-Welt,
in der nur noch gelutscht,
Gesindel gewichst wird.

Bist du ein liebenswerter Mensch?
Verschwinde aus der M:66.
Bist du einfühlsam? Bedächtig?
Hau ab, solange du noch kannst.
Trottel! Was kommst du hier her!
Verdrück dich in irgendein Büro.

So, du willst arbeiten in der M:66?
Hast du dir das gut überlegt?
Selbst wer hier nur einkauft,
braucht schon ein dickes Fell.

Hast du noch was vor im Leben?
Dann verschwinde aus der M:66.
Hast du Probleme mit dir selbst?
Komm gar nicht erst in die M:66.
Trottel! Was hast du hier zu suchen?
Schieb ab, deinen Arsch, ins Büro.

Die M:66 hat keinen Abfluss,
presst dir ihre Scheiße ins Hirn,
Die M:66 ist wie saure Kotze,
verätzt dir gnadenlos das Herz.

Ich warne dich,
Trottel, Scheißer, Tantchen, Kumpel …
Wer immer du auch bist,
komm nie in die M:66,
wenn du nicht musst.

(2015)

M-Ausfahrt

Wen kümmert das Pack?

KEINEN.

Vergiss es!

Weiter im Text.

Bestochen mit Krümeln,

die Hand am Lenkrad,

folgt das Pack unsrer Agenda,

hängt sich die Werte

um die Eier,

schiebt sich das Glück

in die Möse,

nimmt die Ausfahrt & liegt bequem.

Vergiss es!

Weiter im Text.

Aber eins vergiss nie:

Wir ALLE

sind verantwortlich für diese Welt.

(2015)

FSC
www.fsc.org
MIX
Papier | Fördert
gute Waldnutzung
FSC® C083411

Zeitfracht Medien GmbH
Ferdinand-Jühlke-Straße 7
99095 Erfurt, Deutschland
produktsicherheit@kolibri360.de